Mia Schmidt
Dr. Hans H. von Wimpffen (Hrsg.)

Gymnastik mit dem Stretch-Band

Die Muskulatur kräftigen

Die Körperhaltung verbessern

Die Beweglichkeit steigern

FALKEN

Inhalt

Gesundheitstraining für alle!

Trainieren, wo und wann man will, und das mit einem denkbar geringen Aufwand, auch finanzieller Art: Das Stretch-Band (SB) macht's möglich.

Vielseitigkeit und individuelle Einsetzbarkeit zeichnen das Band aus – schon lange Jahre in der Therapie von Muskelschwächen erfolgreich eingesetzt, kommen jetzt endlich auch seine Vorzüge bei der Prävention zur Geltung.

Muskelverkürzungen, Muskelschwäche und Muskeldysbalancen plagen uns immer mehr; die Folgen sind Rücken-, Kopf- und Gelenkbeschwerden. Der menschliche Körper hat es noch nicht geschafft, sich unseren drastisch veränderten Lebensbedingungen anzupassen – er verträgt übermäßig langes Sitzen, Bewegungsmangel und einseitige Belastungen nicht ohne negative Folgen. Da wir diesen Begleiterscheinungen der modernen Industriegesellschaft aber nur manchmal ausweichen können, müssen wir etwas dafür tun, daß unser Körper wenigstens zeitweise so belastet wird, wie es aufgrund seiner Anlage und Struktur notwendig ist. Ziel: Wiederherstellung der Muskelbalance.

Sportwissenschaftler und Ärzte haben Trainingsprogramme entwickelt, die dies alles berücksichtigen. Im Mittelpunkt stehen dabei immer die motorischen Grundeigenschaften

- Schnelligkeit
- Reaktion
- Kraft
- Koordination

Muskelkraft ist nötig, um das übergeordnete Trainingsziel „gute Haltung" zu erreichen. Zu jeder Bewegung wird Kraft gebraucht, sei es zur Bewältigung von Gewichtsbelastungen in Alltag, Beruf und Freizeit oder einfach nur, um den Körper gegenüber der Schwerkraft aufrecht zu halten.

Ohne spezielle Trainingsanreize nimmt die Muskelkraft nach dem 30. Lebensjahr ab, und zwar bei Männern schneller als bei Frauen. (Sie kann bei 60jährigen auf unter 50 % der Kraft eines 20jährigen absinken.) Nachweisbar besteht jedoch eine gute Trainierbarkeit der Kraft bis ins hohe Alter – sogar ein Kraftgewinn ist zu erzielen.

Geerntet wird, was man in jungen Jahren sät. Dies gilt auch für die Gesundheit, die mit zunehmendem Alter immer mehr in den Mittelpunkt rückt. Um die gewünschte Fitneß zu erreichen und zu behalten, sollte regelmäßiges präventives Gesundheitstraining so selbstverständlich werden wie die täglichen Mahlzeiten.

Wir werden immer älter; 2025 wird ca. ein Drittel der Bevölkerung Deutschlands über 60 Jahre alt sein. Um auch diesen Lebensabschnitt genießen zu können, müssen wir schon früh auf unsere Gesundheit und auf eine vernünftige körperliche Betätigung achten.

Der Bewegungsapparat

Unser Bewegungsapparat besteht aus dem Skelett- (Knochen, Gelenke und Bänder = passiver Teil) und dem Muskelsystem (Muskeln unterschiedlichster Form und Größe = aktiver Teil).

Skelett

Das Skelettsystem besteht aus Schädel und Wirbelsäule, Schultergürtel und oberer Extremität, Beckengürtel und unterer Extremität. Die Knochen sind entweder fest oder beweglich miteinander verbunden, wobei man sowohl bei den festen als auch bei den beweglichen Verbindungen (Gelenke) mehrere Formen unterscheidet.

Muskeln

Durch das Muskelsystem mit all seinen Hilfseinrichtungen werden die gelenkig miteinander verbundenen Knochen bewegt. Die Muskeln können aus einem oder mehreren Teilen bestehen und ein oder mehrere Gelenke überspannen. Die Lage des Ursprunges und Ansatzes eines Muskels sowie die Anzahl der von ihm bewegten Gelenke bestimmen seine Funktion.

Ein Muskel arbeitet nie allein, sondern immer mit mehreren zusammen. Dabei unterscheidet man Muskeln, die primär für die Statik zuständig sind, und solche, die mehr an der Dynamik beteiligt sind.

Bedingt durch bestimmte Gewohnheitshaltungen (anlage- oder berufsbedingt), neigen die dynamischen Muskeln, die Arbeitsmuskeln, im Laufe des Älterwerdens zur Verkürzung. So wendet sich im Training die Aufmerksamkeit besonders der für die Statik zuständigen Muskulatur zu. Im Zusammenhang mit der aufrechten Haltung lassen sich auf die Wirkung der gehaltenen Spannung folgende Effekte beschreiben:

- Die Muskelaktivität hat einen Weckreiz auf die Großhirnrinde. Nach mehreren Anspannungen auch verschiedener Muskelgruppen wird in der Regel ein belebender Effekt verspürt. Denken Sie hier an das Räkeln und Strecken, das man zumeist spontan einsetzt, um frischer zu werden.
- Nachdem der Muskel gearbeitet (Anspannung) hat, findet in der Phase der Ruhe (Entspannung) eine bessere Durchblutung statt. Das subjektive Wärmeempfinden bestätigt dies.
- Nach vorheriger Anspannung ist auch die Entspannungsfähigkeit der Muskulatur verbessert. Dieser Effekt wird bei der Muskeldehnung häufig verwendet, indem man einen Muskel zuerst anspannt und dann dehnt.
- Die Atemtätigkeit wird angeregt.
- Langfristig gesehen erfolgt eine Erhöhung der Grundspannung der beanspruchten Muskulatur. So lassen sich Muskeln, die zu verminderter Spannung neigen, positiv beeinflussen. Sind die Kraftreize groß genug,

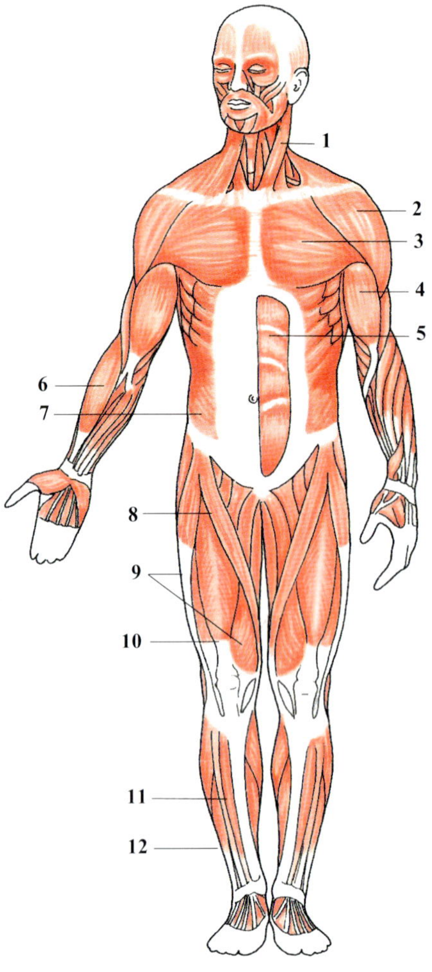

1 Kopfwender
2 Deltamuskel
3 großer Brustmuskel
4 zweiköpfiger Oberarmmuskel
5 gerader Bauchmuskel
6 Beugemuskulatur von Hand und Fingern
7 äußerer schräger Bauchmuskel
8 Schneidermuskel
9 äußerer und innerer Schenkelstrecker
10 gerader Schenkelstrecker
11 vorderer Schienbeinmuskel
12 Streckmuskulatur von Fuß und Zehen

Die Muskulatur der Körpervorderseite

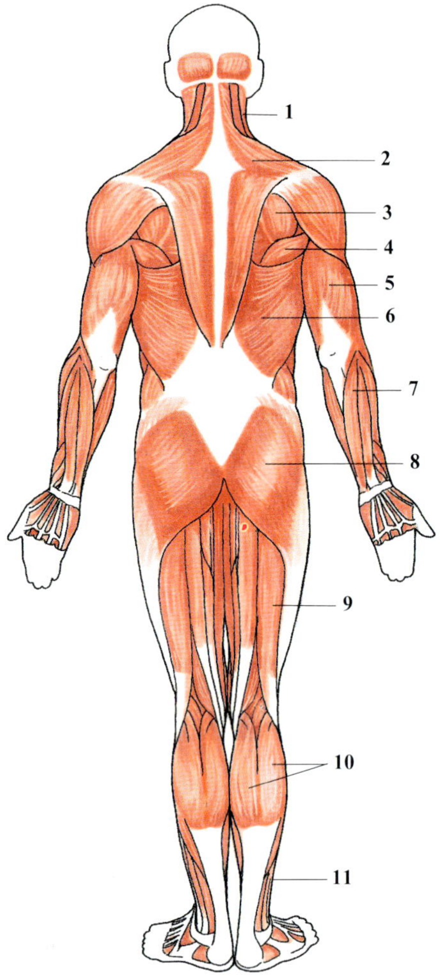

1 Nackenmuskel
2 trapezförmiger Muskel
3 unterer Grätenmuskel
4 großer runder Muskel
5 dreiköpfiger Oberarmmuskel
6 breiter Rückenmuskel
7 Streckmuskulatur von Hand und Fingern
8 großer Gesäßmuskel
9 zweiköpfiger Oberschenkelmuskel
10 zweiköpfiger Wadenmuskel
11 Streckmuskulatur von Fuß und Zehen

Die Muskulatur der Körperrückseite

nimmt der Muskel auch an Kraft zu. Dies ist zu beobachten bei der Einflußnahme auf Haltungs- und Bewegungsmuster, die zunächst ganz bewußt verändert werden und schließlich automatisch ablaufen. (Nach Helmut Reichart, Schongymnastik)

Aufgabe und Ausgangspunkt aller Trainingsprogramme ist die richtige Körperhaltung. Sie wird positiv beeinflußt durch ausreichende Beweglichkeit wie auch von genügender Haltekraft der aufrichtenden Muskelgruppen. Die wichtigsten dieser Muskelgruppen sind zusammengefaßt in der „Streckschlinge", die als Haltemuskulatur die Aufgabe hat, gegen die Schwerkraft zu wirken und damit den aufrechten Stand zu sichern. Für die Statik des menschlichen Körpers ist eine kräftige Gesäß-, Bauch- und Rückenmuskulatur notwendiger als ein gut profilierter Bizeps am Oberarm.

Im einzelnen gehören zu dieser Gruppe

- die Rückenmuskeln
- die Strecker der Wirbelsäule
- die Gesäßmuskeln
- die Strecker des Hüftgelenkes
- die Wadenmuskeln
- die Strecker des oberen Sprunggelenkes
- die Bauchmuskeln zur Stabilisation des Rumpfes und des Beckens
- die Muskeln der Oberschenkelvorderseite, die Strecker des Kniegelenkes

Muskelpflege/Massage

Voraussetzung für das Training von Kraft und Koordinationsvermögen ist ein gut vorbereiteter Muskel. Nicht immer allerdings genügt ein Aufwärmtraining: Bei schon länger bestehenden Fehlhaltungen mit Beschwerden in den fehlgespannten Muskeln sollten passive, therapeutische Maßnahmen vorangehen. Hierzu gehören alle Formen entspannender Bäder, Wärmeanwendungen und Massagen.

„Massage" stammt aus dem Griechischen und heißt soviel wie kneten. Umfassend verstehen wir darunter eine lokale Einwirkung auf Haut, Muskulatur, Bindegewebe, Gefäße und Nerven mit gleichzeitiger Rückwirkung auf fast alle Organe und Organsysteme. Besonders positiv wirkt die Massage über eine normale Spannung der Gewebe und über eine lokale verbesserte Blut- und Lymphzirkulation hinaus auf den gesamten Kreislauf des Blutes und damit auf den gesamten Organismus und auf das seelische Wohlbefinden.

Schon einfache Reibungen und Bürstungen zeigen positive Veränderungen und dienen der Spannungslösung. In der Reihenfolge: Durchblutungsförderung des Muskels durch Massage, aktives Aufwärmen, Dehnung der verkürzten Muskeln ist der Körper für das Training gut vorbereitet. Nach der körperlichen Belastung sorgen ausgleichende große Bewegungsformen, Dehnübungen und Ausstreichungen des Muskels für eine „Entmüdung". Gerade ältere Sporttreibende sollten die Wirkung einer solchen Muskelpflege nicht unterschätzen und ihr ausreichend Zeit einräumen. Denn ein gepflegter Muskel bleibt länger elastisch und „hält" deshalb länger!

Erläuterungen zum Training

Die Trainingsanleitung setzt ihren Schwerpunkt in die Kräftigung der Rumpf-, Arm- und Beinmuskulatur. Ziel ist die Verbesserung der Alltagsmotorik. Übungen zur Kräftigung der Brust- und Hüftbeugemuskulatur finden Sie in diesem Buch nicht, denn mit zunehmendem Alter neigen wir immer mehr zur Beugung: Kompensierende Übungen zur Aufrichtung sind deshalb sinnvoller.

In zehn aufeinander abgestimmten Kapiteln finden Sie in sich abgeschlossene Trainingsprogramme, die zur Verbesserung Ihrer Haltung im hohen Maße beitragen.

Grundregeln

Durch seine unterschiedlichen Widerstandsstärken (verschiedene Farben) ermöglicht das Training mit dem Latexband einen abgestuften Kraftaufbau; eine Bandlänge von ca. 120 cm hat sich als besonders praktikabel im präventiven Sport erwiesen.

- Bei Übungen im Stand müssen die Füße gleichmäßig belastet sein, damit eine achsengerechte Belastung gewährleistet ist und Fehlhaltungen – und die damit verbundenen Beschwerden – vermieden werden.

- Menschen, die nicht so beweglich und körpererfahren sind, sowie ältere Menschen sollten im Sitzen auf dem Stuhl trainieren; die Aufrichtung im Rumpf und die Körperkontrolle gelingen so besser. Sie sitzen auf dem vorderen Drittel des Stuhles, die Füße stehen parallel in der Beinachse und hüftbreit auf dem Boden.
- Alle Kräftigungsübungen werden auf dem Hin- und Rückweg in gleichmäßiger Geschwindigkeit und unter aufmerksamer Kontrolle durchgeführt.
- Bei Belastung muß immer ausgeatmet werden; Pressatmung oder Luftanhalten sind zu vermeiden.
- Zwischen den einzelnen Spannungsübungen immer eine kleine Pause machen.
- Bedenken Sie, daß eventuell auftretender Schmerz ein wichtiges Signal ist und immer beachtet werden muß. Überprüfen Sie die Bewegungsausführung, oder brechen Sie das Training ab. Suchen Sie einen Arzt auf, damit die Schmerzursache zweifelsfrei abgeklärt werden kann.
- Die Handgelenke dürfen beim Training mit dem SB nicht unnatürlich verdreht sein; ebenso ist eine Überstreckung zu vermeiden. In Idealstellung ist die Hand gleichsam eine Verlängerung des Unterarmes.
- Das Krafttraining mit dem Stretch-Band kann isometrisch (halten), konzentrisch (überwinden) und exzentrisch (nachgeben) ausgeführt werden.

Bei isometrischer Spannung sollte die Belastung etwa 10 Sekunden gehalten werden.
Beim Training der Kraftausdauer empfehlen sich 10–30 Wiederholungen. Erst wenn Atmung und Puls wieder im normalen Bereich liegen, sollten ältere Menschen weiter trainieren.
Schnelle Wiederholungen (5 – 15) werden nur durch lange Pausen effektiv wirksam.

- Besonders wichtig ist intensives Aufwärmen, denn nur ein warmer Muskel kann ohne Gefahr gedehnt werden und ist weniger verletzungsanfällig. Herzfrequenz, Blutzirkulation und Atemfrequenz werden durch das Aufwärmen erhöht, Aufnahmebereitschaft und optische Wahrnehmung sind verbessert – der Organismus ist optimal auf die Belastung vorbereitet!

Behandlung und Pflege des Stretch-Bandes

Das SB ist ein Latexband, dessen Lebensdauer von der Behandlung abhängig ist. So kann zum Beispiel der Kontakt mit scharfkantigen Ringen, spitzen Fingernägeln, aber auch mit Sohlenprofilen von Sportschuhen Rissen Vorschub leisten.
Knoten bei Schlingen (für bestimmte Übungen) lassen sich leicht wieder lösen, wenn das Band mit Puder eingerieben ist.
Eine Reinigung des Bandes ist mit Alkohol (aus der Apotheke) möglich; anschließend wird es mit Puder eingerieben und kühl aufbewahrt.

Musik

Sorgsam ausgewählte Musik unterstützt den Ablauf der einzelnen Übungsfolgen und fördert die konditionelle Leistung; aber es geht auch ganz ohne Musik.

ZIEHEN UND HALTEN

AUFWÄRMEN

Musik: motivierend flott

Sie stehen fest und sicher auf Ihren Füßen und belasten die Fußaußen- und -innenkanten gleich stark. Schieben Sie jetzt alle 5 Fußzehen und Ihre Ferse „in den Boden". (Stellen Sie sich vor, Sie wollen einen Abdruck hinterlassen.) Prüfen Sie mehrmals Ihre Standfestigkeit, und behalten Sie sie bei, denn sie gewährleistet die besten Voraussetzungen für die aufgerichtete Haltung.

■ Gehen Sie mit ausgiebigem Fußrollen am Platz. Schwingen Sie die Arme kräftig mit: einmal wechselseitig, einmal parallel, und behalten Sie den Rhythmus bei.

Abbildung 1

Abbildung 2

Abbildung 3

▪ Halten Sie Ihr SB in beiden Händen rumpfbreit vor sich: Aus dem Gehen heraus tippen Sie abwechselnd mit dem rechten, dann mit dem linken Knie an das Band. **(Abb. 1)**

▪ Lösen Sie die Kniestreckung, und geben Sie federnd nach. Kommen Sie fließend in leichte Drehbewegungen, und tippen Sie mit der rechten Hand an die linke Hüfte, mit der linken Hand an die rechte Hüfte. **(Abb. 2)**

▪ Ziehen Sie nun das SB zuerst an Ihre Taille, dann schieben Sie es in schwungvoller Bewegung und gleichbleibendem Rhythmus weg. **(Abb. 3)**

▪ Nehmen Sie ein Bandende in eine Hand, und beschreiben Sie schwungvolle Linien, Schleifen und Kreise mit dem SB.
Jetzt fühlen Sie sich warm, gelöst und gut vorbereitet auf das folgende Training.

HAUPTTEIL

Musik: ruhig fließend

Der Weg in die gedehnte Endposition dauert ebenso lang wie der Rückweg in die entspannte Position!
Ausgangsstellung: Sitz auf dem Stuhl.

- Legen Sie das SB um den Brustkorb und führen es unter den Achselhöhlen durch; die Oberarme liegen seitlich am Rumpf an. Die Handflächen sind nach oben gerichtet, die Hände bilden die Verlängerung der Unterarme. Dehnen Sie nun das SB: Deutlich ist die Aufrichtung am Rücken zu spüren. Langsam lassen Sie in der Dehnhaltung nach, bis die Ausgangsposition wieder erreicht ist. **(Abb. 4)**

- Bringen Sie das SB in der Henkelstellung über den Kopf. Das heißt, die Hände mit dem Band sind zur Decke gerichtet, die Ellenbogen stehen im rechten Winkel: Wachsen Sie mit dem Kopf dem gleichzeitig gedehnten Band entgegen. Vermeiden Sie eine Änderung der Armhaltung. **(Abb. 5)**

Abbildung 4

Abbildung 5

Abbildung 6

■ Sie sitzen auf der Mitte des SB und halten in jeder Hand ein Bandende, die Handflächen zeigen nach vorn: Richten Sie sich mit langem Rücken auf, und spreizen Sie die gestreckten Arme seitwärts ab. Damit dehnen Sie das SB und kräftigen gleichzeitig Arm- und Rückenmuskulatur. **(Abb. 6)**

■ Stellen Sie beide Füße auf die Mitte des SB, und halten Sie die Bandenden wie bei der vorangehenden Übung: Heben Sie den langen Rücken an, und spreizen Sie die gestreckten Arme seitwärts ab. Nicht die Schultern hoch zu den Ohren ziehen; bei Anstrengung immer ausatmen.
Wiederholen Sie die Übung 6- bis 10mal. Lassen Sie sich Zeit, und halten Sie die Endposition 6 – 8 Sekunden.

AUSKLANG

Musik: 3/4-Takt

■ Zur Erholung schütteln Sie Arme und Rumpf aus. Halten Sie das Bewegungsausmaß klein – fast wie ein Zittern.

■ Werfen Sie Ihre Arme weg! Wie Wassertropfen, die Sie abschütteln.

■ Ziehen Sie die Schultern hoch zu den Ohren, und lassen Sie sie locker wieder fallen.

■ Atmen Sie ruhig durch, und spüren Sie, wie die Wärme Ihren Rücken durchflutet.

STARKE FÜSSE UND BEINE

AUFWÄRMEN

Musik: bewegt, schnelles Tempo

■ Stand: Beugen Sie leicht Ihre Kniegelenke, und wandern Sie mit intensivem Mitschwingen der Arme am Platz.
Wandern Sie weiter, und schwingen Sie Ihre Arme seitwärts schulterhoch.
Wandern Sie weiter, und drehen Sie die schulterhoch gehaltenen langen Arme ein und aus. **(Abb. 1 und 2)**

■ Schieben Sie beim Wandern bewußt einmal die rechte, dann die linke Schulter vor und zurück und lassen Ihre beiden Arme mitschlenkern.

■ Tippen Sie mit dem Ballen eines Fußes mehrmals auf den Boden.

Abbildung 1

Abbildung 2

Abbildung 3

Abbildung 4

■ Schrittstellung: Beugen Sie das vordere Standbein, und senken Sie die Ferse des Spielbeines allmählich zum Boden ab – Sie dehnen damit Ihre Wadenmuskeln. **(Abb. 3)**

■ Heben Sie die Ferse so hoch wie möglich, und spüren Sie die Anspannung im Wadenmuskel. Wechseln zwischen Anheben und Aufsetzen der Ferse.

■ Sie stehen auf dem gebeugten Standbein und setzen das Spielbein vorne mit der Ferse auf. Der Fuß steht im rechten Winkel zum Unterschenkel: Drehen Sie nun den Fuß um seine Längsachse, und ziehen Sie die Innenkante, dann die Außenkante kräftig hoch. Die Muskulatur der Unterschenkel-Innenseite und der Außenseite wird hierbei trainiert. **(Abb. 4)**

■ Ausschütteln von Füßen, Beinen und Armen.

Hauptteil

Musik: Marschrhythmus

Ausgangsposition: Sitz auf dem Stuhl.

■ Stellen Sie einen Fuß in die SB-Schlinge. Mittelfuß und die Zehen werden umschlossen, die Hände halten mit langen Armen die gekreuzten Enden.. Der Rücken ist gestreckt, das Spielbein gebeugt und in der Luft gehalten. Wichtig ist die korrekte Beibehaltung der Beinachse!
Gegen den Widerstand des SB strecken Sie den Fuß und geben wieder nach. **(Abb. 5)**

■ Schieben Sie die Fußinnenkante, dann die Außenkante gegen das SB.

■ Verbinden Sie die beiden Übungen, und bleiben Sie ständig in Bewegung.

■ Strecken Sie das Knie, und bleiben Sie mit langem Rücken und gestreckten Armen sitzen.

■ Spreizen Sie das gestreckte Bein ab, und ziehen Sie die Fußaußenkante hoch. **(Abb. 6)** Führen Sie das gestreckte Bein zur Mitte, und ziehen Sie die Fußinnenkante hoch. **(Abb. 7)**

Abbildung 5

Abbildung 6

Abbildung 7

Abbildung 8

Abbildung 10

Abbildung 9

▪ Legen Sie das SB doppelt gefaltet auf den Boden. Schlüpfen Sie mit dem Spielbein-Mittelfuß in die Bandschlinge, und fixieren Sie die Schlinge eng mit dem Standbeinfuß. Heben Sie den Fuß jetzt kräftig gegen den Bandwiderstand an, dann senken Sie ihn wieder ab. Ihr Schienbeinmuskel wird bei dieser Übung besonders aktiviert. Die Ferse bleibt auf dem Boden. **(Abb. 8)**

▪ Sie stehen seitlich neben der Stuhllehne und legen das zusammengeknotete SB breit so um die Unterschenkel, daß das Band in einer Dehnspannung gehalten wird. Schwingen Sie einen Unterschenkel vor und zurück, beugen und strecken Sie das Knie. **(Abb. 9 und 10)**

Alle Übungen wiederholen Sie mit dem anderen Bein. Sparen Sie nicht mit der Anzahl der Wiederholungen; 15 – 20 sind optimal.

Abbildung 11

Ausklang

Musik: Blues o. ä.

- Lassen Sie das Bein locker aus der Hüfte pendeln. **(Abb. 11)**

- Strecken und beugen Sie das Knie.

- Einbeinstand: Schlenkern und kreisen Sie mit dem Fuß des Spielbeins.

- Weiter Grätschstand: Verlagern Sie den Körperschwerpunkt von einer Seite zur anderen, und atmen Sie dabei ruhig ein und aus. Schließen Sie die Beine, und spüren Sie die Bewegung und Wärme in den Füßen und Beinen. **(Abb. 12)**

Abbildung 12

Wie steht es mit dem Hüftgelenk?

Aufwärmen

Musik: gemäßigter Beatrhythmus

- Stand: Wechselseitig ein Bein nach vorn, zur Seite, nach hinten ausschütteln (rhythmisch unterstützt).

- Sorgfältig die Füße beim Gehen und Federn abrollen.

- Tippschritte wechselweise vorwärts, rückwärts und seitwärts: Sie stehen auf einem Bein und setzen das andere Bein unbelastet mit einem Tip auf den Boden zur Seite, nach vorn und nach hinten. **(Abb. 1 und 2)**

- Das gestreckte Bein im Hüftgelenk drehen.

- Mit hohem Beinanheben den Fuß in weitem Ausfallschritt nach vorn setzen, weit zur Seite und zurück setzen. In der Endposition erfolgt die Belastung. **(Abb. 3)**

Abbildung 1

Abbildung 2

Abbildung 3

Abbildung 4

■ Schrittbewegung am Platz: Sie gehen mit dem rechten Fuß einen Schritt vorwärts und setzen den linken Fuß daneben auf. Dann gehen Sie mit dem linken Fuß wieder zurück und setzen den rechten Fuß daneben. Die Wechsel geschehen fließend, die Arme schwingen ohne Spannung mit.

■ Sie beugen das Standbein und stellen das Spielbein auf der Ferse vorne auf. Neigen Sie den langen Rumpf vor, bis Sie ein leichtes Ziehen auf der Rückseite des Oberschenkels spüren. **(Abb. 4)**

■ Weite Ausfallschrittstellung: Schieben Sie mit Hilfe des angespannten Gesäßmuskels Ihre Hüfte vor; ein Ziehen vom Hüftgelenk in den Oberschenkel wird spürbar. **(Abb. 5)**

Abbildung 5

Musik: flotte Popmusik mit hohem Motivationscharakter

- Leichte Schrittstellung: Mit der Ferse des hinteren Fußes fixieren Sie das eine Bandende, das andere halten Sie in der Hand des gebeugten Armes auf der gleichen Körperseite. Verlagern Sie das Körpergewicht auf den vorderen Fuß bei gerader Aufrichtung, und kommen Sie in leichte Pendelbewegungen. **(Abb. 6)**

Abbildung 6

- Verknoten Sie die Bandenden, und stellen Sie sich mit einer Ferse in der Bandschlinge. Halten Sie sich an einer Stuhllehne oder Tischkante fest, und schlüpfen Sie mit dem anderen Fuß in die Schlinge, die Sie um das Fußgelenk legen. Beugen Sie dieses Bein leicht an, und schieben Sie es gegen den Widerstand nach hinten. **(Abb. 7)**

Abbildung 7

- Der Effekt dieser Übung entspricht dem der vorhergehenden. Geändert ist die Ausgangsposition: Die Bandschlinge umschließt Ihre beiden Fußgelenke. Sie spreizen nacheinander ein gestrecktes Bein nach hinten ab und wiederholen dies 10 – 15mal. Endposition ist immer das gestreckte Hüftgelenk und die gespannte Gesäßmuskulatur. **(Abb. 8)**

Abbildung 8

Abbildung 10

Abbildung 9

▪ Zur Kräftigung der Muskeln der Oberschenkelinnenseite fixieren Sie die Bandschlinge an einem Stuhlbein; Sie stehen seitlich zum Stuhl. Steigen Sie mit einem Bein in die Schlinge, halten Sie sich am Stuhl fest, und dehnen Sie in Richtung Standbein.
(Abb. 9 und 10)

▪ Zur Kräftigung der Muskeln der Oberschenkelaußenseite stellen Sie sich mit beiden Beinen in der Bandschlinge, die die Fußgelenke umschließt, und spreizen jeweils ein Bein ab.
Auch im Liegen ist diese Übung sehr gut auszuführen. Wählen Sie dazu die Seitlage als stabile Ausgangsposition. Vermeiden Sie in jedem Falle, daß Ihr Gesäß nach hinten abkippt.

Abbildung 11

■ Im Sitz auf der Matte oder dem Stuhl setzen Sie den Fuß in die Mitte des nun offen gehaltenen SB. Zur besseren Führung halten Sie die gekreuzten Enden in der Hand. Richten Sie Rücken und Arme lang auf, und drehen Sie das gestreckte Bein aus- und einwärts.

■ Bei gleicher Ausgangsposition ziehen Sie die Fußaußenkante hoch, gleichzeitig schiebt sich die Fußinnenkante gegen den Bandwiderstand: So spreizen Sie das Bein zur Seite. Die Gegenbewegung erfolgt exakt in umgekehrter Richtung. **(Abb. 11)**
Üben Sie auf beiden Körperseiten mit gleicher Intensität; Sie vermeiden damit unterschiedliche Kraftverhältnisse im Muskel.

AUSKLANG

Musik: meditative Melodien

■ Zur Erholung der beanspruchten Muskulatur klopfen und schütteln Sie die betroffenen Partien gut aus.

■ Sitz oder Schrittstellung: Bewegen Sie die Wirbelsäule sanft aus der Rundung in die Aufrichtung.

■ Rückenlage: Stellen Sie ein Bein an, den Oberschenkel des anderen Beines umfassen Sie und ziehen ihn sanft zur Brust. Das Knie dieses Beines muß nicht gestreckt werden.

■ Rückenlage: Legen Sie jetzt den Fuß des ehemals angestellten Beines auf den Oberschenkel des anderen Beines in Höhe des Knies. Ziehen Sie sanft das Bein zur Brust. **(Abb. 12)**

■ Rückenlage: Lassen Sie ein gebeugtes Bein über das langgestreckte Bein auf die Gegenseite gleiten, und spüren Sie das dehnende Gefühl im Gesäßmuskel. Die Schulter sollte möglichst auf dem Boden bleiben. **(Abb. 13)**
Rollen Sie auf die andere Seite, und wiederholen Sie die Übung bei ruhiger Atmung.
Über den Vierfüßlerstand und Einbeinkniestand kommen Sie langsam zum Stand.

Abbildung 12

Abbildung 13

Ohne Kraft kein Halt – Übungen für Hände und Arme

Aufwärmen

Musik: Beatrhythmus

▪ Stand: Mit Federn in den Fuß-, Knie- und Hüftgelenken öffnen und schließen Sie Ihre Hände. Bilden Sie eine Faust, und strecken Sie anschließend die Finger im vollen Bewegungsausmaß.
Üben Sie wechselseitig oder zusammen, aber halten Sie den Rhythmus.

▪ Spreizen, strecken und schließen Sie die Finger.

▪ Kombinieren Sie die beiden Übungen mit einer Drehung:
Eine Handfläche ist zur Decke gerichtet, die andere zum Boden; die Drehung der Hände findet erst nach dem Ende der Bewegungsfolge statt.

▪ Beugen und strecken Sie im Handgelenk, einmal mit langer Hand, einmal mit Fäusten.
(Abb. 1)

Abbildung 1

Abbildung 2

Abbildung 3

Abbildung 4

■ Verbinden Sie die 1. Übung mit Beugen und Strecken des Armes im Ellenbogengelenk.

■ Legen Sie die Handfläche einer Hand im rechten Winkel in die Handfläche der anderen Hand, und dehnen Sie dabei die Arminnenseite. **(Abb. 2)**

■ Ziehen Sie beide Ellenbogen seitwärts schulterhoch, dann seitlich am Rumpf vorbei, anschließend strecken Sie zusätzlich die Arme nach hinten aus, ohne daß die Schultern zu den Ohren gezogen werden. **(Abb. 3 und 4)**

■ Fassen Sie mit beiden Händen in den Nacken, anschließend in den Rücken. Dabei drehen Sie die Arme und Schultern einwärts und auswärts.

■ Schütteln und schwingen Sie die Arme aus.

Hauptteil

Musik: Blues o. ä.

- Im Stand halten Sie das SB körperlich waagerecht gespannt in beiden Händen. In kurzen Zügen mit beiden Händen gleichzeitig oder wechselseitig mit einer Hand erhöhen Sie die Dehnspannung.

- Probieren Sie Übung in verschiedenen Höhen: hüfthoch, schulterhoch, über Kopf. **(Abb. 5, 6 und 7)**

Abbildung 6

Abbildung 5

Abbildung 7

Abbildung 8

■ „Bogenschießen“
Verknoten Sie das SB zu einer Schlinge. Die Arme halten Sie schulterhoch in „Schußposition“ mit straff gedehntem Band. Nehmen Sie den Zugarm gegen den Widerstand des Bandes zurück, aber verändern Sie die Höhe dabei nicht. **(Abb. 8)**

Abbildung 9

Abbildung 10

■ Schrittstellung: Sie stehen mit einem Fuß auf dem Bandende, das andere halten Sie in der gleichseitigen Hand. Mit der nach oben gedrehten Hand beugen und strecken Sie den Ellenbogen und kräftigen damit die Armbeugemuskulatur. Beachten Sie, daß die Hand in Verlängerung des Unterarmes gehalten wird. **(Abb. 9 und 10)**

■ Mit gleicher Ausgangsstellung kräftigen Sie die Streckmuskulatur: Ziehen Sie das Band in Hüfthöhe dicht am Rumpf vorbei nach hinten, und strecken Sie Ihr Ellenbogengelenk. **(Abb. 11)**

Abbildung 11

Abbildung 12

Abbildung 13

■ Legen Sie das SB breit um den Oberschenkel des vorderen Beines. Halten Sie in jeder Hand ein Bandende: Beugen und strecken Sie die Arme gegen das straff gespannte Band. Einen stärkeren Effekt erzielen Sie, wenn Sie mit dem Fuß auf der Bandmitte stehen.
(Abb. 12 und 13)

■ Grätschstand: Fixieren Sie mit einer Hand das Bandende an der Hüfte, mit der anderen Hand ziehen Sie das Band über die Diagonale bis zur Armstreckung.
Bei allen Übungen zur Kräftigung der Armmuskulatur ist ein stabiler Stand Voraussetzung. Eine Mitbewegung im Rumpf verringert die Wirksamkeit der Übung.

Ausklang

Musik: langsamer Walzer

■ Ausschütteln der Arme: Stellen Sie sich vor, Sie schütteln Wassertropfen weg.

■ Mit Hilfe der Rumpfbewegung schlenkern Sie den Arm hin und her. Vermeiden Sie bewußtes Führen.

■ Schwingen Sie beide Arme, und spüren Sie die gelöste Bewegung.

■ Kneten und streichen Sie die Arme durch, beugen und strecken Sie sie einmal intensiv, und fühlen Sie, wie Wärme Ihre Arme durchströmt.

Kraft für den Rücken

Aufwärmen

Musik: Marsch- oder Beatrhythmus

- Gehen am Platz mit hohem Knieanheben und intensiven Armschwüngen.
- Gehen, dabei die Arme abwechselnd nach oben, dann zur Seite heben.
- Gehen Sie auf der Stelle, dabei die Arme beugen und strecken.
- Gehen, die Arme seitlich schulterhoch heben und sie gestreckt vor die Brust, dann zur Seite führen. **(Abb. 1 und 2)**
- Gehen mit Schulterkreisen rückwärts und vorwärts.

Diese Folge mehrmals wiederholen!

Abbildung 1

Abbildung 2

Abbildung 3

■ Die Füße stehen hüftbreit und parallel, eventuell auch etwas auswärts gedreht auf dem Boden. Beugen Sie die Knie in der Beinachse, und halten Sie Arme, Kopf und Rumpf so in einer Rundung, als wollten Sie einen großen Ball umarmen. **(Abb. 3)**

■ In der Gegenbewegung öffnen Sie die Arme weit und führen sie nach hinten. Dabei strecken Sie den Rücken.
Wiederholen Sie beide Übungen mehrmals, und atmen Sie in der jeweiligen Endposition ruhig durch.

■ Kreisen Sie mit Ihren Schultern zunächst parallel, dann nacheinander, und beziehen Sie in diese Bewegung immer mehr den Rumpf ein.

■ Kauern Sie sich in der Hocke rund wie ein Ei zusammen, und erheben Sie sich anschließend in die maximale Streckung.

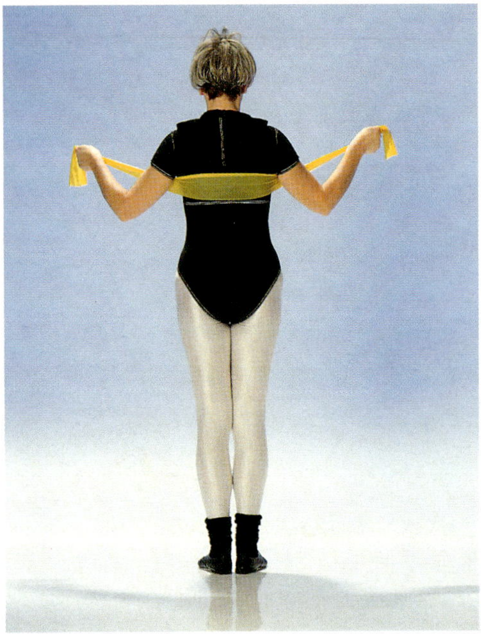

Abbildung 4

Abbildung 5

Hauptteil

Musik: meditative Melodien

Ausgangsstellung: Sitz auf dem Stuhl oder Stand

■ Führen Sie das Band in Achselhöhe über den Rücken unter Ihren Armen hindurch. In jeder Hand halten Sie ein Bandende. Verbunden mit der Ausatmung ziehen Sie das Band zu gestreckten Armen auseinander. Anschließend geben Sie allmählich in der Spannung nach und kehren langsam in die Ausgangsposition zurück. **(Abb. 4 und 5)**

■ Fixieren Sie das Band mit der linken Hand hinter der linken Hüfte. Die rechte Hand zieht es über die Diagonale des Rückens nach rechts oben bis zur Armstreckung.

Abbildung 6

Abbildung 7

■ Fixieren Sie das Band hinter dem unteren Ende Ihrer Wirbelsäule mit einer Hand. Ziehen Sie es lang nach oben mit der anderen Hand bis zur Armstreckung, dann parallel zur Wirbelsäule! Versuchen Sie, in der Endposition den Brustkorb vorzuziehen.

■ Setzen Sie sich auf die Mitte des SB, in jeder Hand halten Sie ein Bandende. Richten Sie sich im Rücken auf, schieben Sie das Brustbein vor, und spreizen Sie die gestreckten Arme ab. Je kürzer Sie das Band fassen, desto stärker wird der Widerstand, und desto mehr Kraft brauchen Sie. Halten Sie den Rumpf gerade wie ein Brett, und pendeln Sie ihn in kleinen Ausschlägen vor und zurück.

■ Die Steigerung der Übung erfahren Sie, wenn Sie mit beiden Füßen auf der Bandmitte stehen und die Übung dann ausführen. **(Abb. 6)**

■ Grätschstand: Sie stehen mit jedem Fuß auf einem Bandende. Mit gebeugten Knien in der Beinachse senken Sie den Rumpf ab und ziehen mit beiden Händen das Band zur Brust. Der Rücken bleibt dabei gerade. **(Abb. 7)**

■ Schrittstellung: Sie stehen mit dem vorderen Fuß auf der Bandmitte, die Enden halten Sie in den Händen. Verlagern Sie das Gewicht nach vorn, bleiben Sie im Rücken gerade, und ziehen Sie das Band zu Ihren Schultern.

■ Halten Sie das lockere Band mit beiden Händen in den Kniekehlen, Rumpf und Beine sind gebeugt. Gehen Sie nun einen Ausfallschritt rückwärts, strecken Sie Rücken und Arme, und spannen Sie das Band. **(Abb. 8)** Alle Übungen wiederholen Sie 8- bis 10mal. Denken Sie an die Ausatmung während der Anspannung.

Abbildung 8

Ausklang

Musik: 3/4-Takt

■ Lassen Sie die Arme entspannt hängen, und atmen Sie ruhig ein und aus.
Spüren Sie, wie Ihre Muskeln prickeln und es Ihnen warm ist.

■ Beginnen Sie mit leichten Schulterschüttelungen, lassen Sie die Arme schlenkern. **(Abb. 9)**

■ Erweitern Sie das Schütteln bis zum lockeren Schwingen.

■ Große, entspannende Arm- und Rumpfschwünge führen zur Erholung.

■ Im ruhigen, aufrechten Stand lassen Sie diese Folge ausklingen.

Abbildung 9

Kraft für die Bauchmuskeln

Aufwärmen

Musik: ruhige Melodien

▪ Reiben Sie intensiv und ausdauernd Ihre Bauchdecke.

▪ Klopfen Sie sie sanft mit der flachen Hand.

▪ Trommeln Sie mit den Fingerspitzen darauf. Machen Sie sich damit Ihre Bauchdecke bewußt.

▪ Ziehen Sie um den „Bauchnabel" herum die Bauchdecke zügig ein.

▪ Ziehen Sie die Bauchdecke ein, halten Sie diese Position, und atmen Sie ruhig weiter.

▪ Sie legen die Hände auf den Bauch, schieben ihn weit hinaus, anschließend ganz hinein.

▪ Stand: Ein Bein ist in Hüfte und Knie rechtwinklig gebeugt. Mit der diagonalen Hand versuchen Sie, das Knie wegzudrücken. Halten Sie diese Position einige Sekunden, und spüren Sie Ihre diagonal arbeitenden Bauchmuskeln. Auch die andere Seite trainieren. **(Abb. 1)**

Abbildung 1

▪ Grätschstand: Sie stehen auf den Zehenballen und spannen Bauch- und Gesäßmuskeln intensiv an. Nicht das Gleichgewicht verlieren.

Musik: Blues o. ä.

▪ Grätschstand: Sie stehen mit einem Fuß auf dem Bandende, das andere Ende halten Sie in der Hand der gleichen Seite. Heben Sie langsam den gestreckten Arm an, und richten Sie sich gleichzeitig aus der Körpermitte sorgfältig auf – Ihre Taille wird dabei ganz schlank. Bei jedem Zug spannen Sie die Bauchdecke an. **(Abb. 2)**

▪ Endposition: Pendeln Sie mit dem ganzen Körper hin und her, und verlagern Sie ständig das Körpergewicht von den Fußballen zu den Fersen. **(Abb. 3 und 4)**

Abbildung 3

Abbildung 2

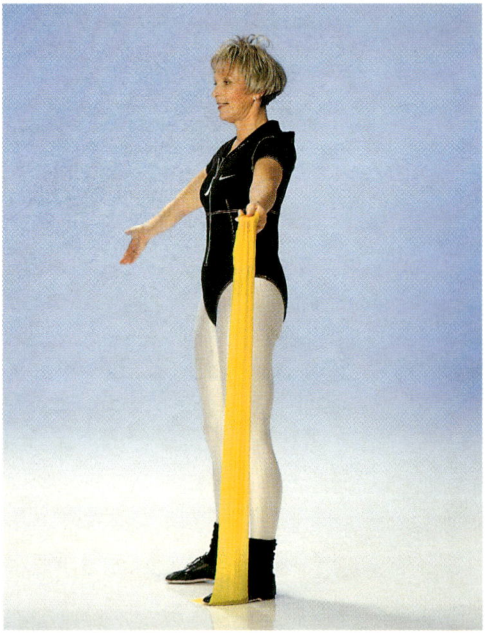

Abbildung 4

Abbildung 5

■ Dehnen Sie nun das Band bis über den Kopf, ohne die stabile Körpermitte zu verlieren. **(Abb. 5)**

■ Probieren Sie die ersten beiden Übungen auch einmal so: Sie stehen auf der Bandmitte und halten und ziehen gleichzeitig beide Bandenden.

■ Sie sitzen auf einem Hocker, das SB ist unter Ihren Achselhöhlen und über Ihre Handrücken geführt. Spannen Sie jetzt die Bauchdecke an, und neigen Sie den Rumpf soweit zurück, daß Sie ihn noch gut halten können. Beugen Sie ein Bein in Hüfte und Knie rechtwinklig an. Mit einer kleinen Körperdrehung erreicht eine Hand gegen den Bandwiderstand das diagonale Knie. **(Abb. 6)**

Abbildung 6

Abbildung 7

■ Aus der Schrittstellung im Stand: Ziehen Sie die Hände mit dem straff gespannten Band Ihrer Taille entgegen; in der Endposition stehen Sie sicher auf einem Bein.

■ Im Sitzen auf einem Stuhl stellen Sie ein langes Bein auf die Ferse. Sie schlingen das Band um den aufgestellten Fuß und halten es mit beiden Händen. Dann richten Sie den Rumpf lang auf, spüren die Muskelspannung in der Körpermitte und pendeln hin und her. Der lange Rumpf und die lang gehaltenen Arme bleiben in gleicher Spannung. **(Abb. 7)** Anschließend drehen Sie den Rumpf in winzigen Rotationen um die Wirbelsäule.

■ Zum Abschluß stellen Sie beide Füße auf die Bandmitte, halten in jeder Hand ein Bandende und kommen mit Schwung und Kraft aus dem Sitz zum stabilen Stand.

Ausklang

Musik: keine oder langsamer Walzer

■ Weit und eng werden in Verbindung mit ruhigen Atemzügen.

■ Große und kleine Körperschwünge mit Halt im Einbeinstand.

■ Arme und Beine ausschütteln, die richtige Fußbelastung finden. Wechselweise über die Fußsohlen rollen und das Gleichgewicht spüren.

Kondition und Kraft

Aufwärmen

Musik: Dixieland o. ä.

■ Gehschritte am Ort mit exakter Fußbewegung. Das Band halten Sie horizontal mit beiden Händen gefaßt, die Dehnspannung ist gering.

■ Bei jedem Schritt ein Knie hoch anheben und damit an das SB tippen.

■ Bei jedem Schritt die Ferse hoch anheben und sie mit der diagonalen Hand oder Faust antippen. **(Abb. 1)**

■ Schwingen Sie das SB über den Kopf in den Nacken und dann wieder zurück auf die Oberschenkel.

Abbildung 1

Abbildung 2

Abbildung 3

■ Wechseln Sie zwischen Gehschritten im Kauern und Gehschritten in der Körperstreckung mit gestrafftem Band.

■ Gehen Sie am Platz, und ziehen Sie das senkrecht gehaltene SB in kurzen Zügen auseinander. Wechseln Sie auch die Armstellung.

■ Beschreiben Sie in der offenen Grundstellung oder Schrittstellung mit dem horizontal gehaltenen SB einen großen Kreis zum Körper hin und vom Körper weg. **(Abb. 2 und 3)**

Abbildung 4

Hauptteil

Musik: Popmusik mit beschleunigtem Rhythmus

■ Sie sitzen auf einem Stuhl und mit einer Gesäßhälfte auf einem SB-Ende, in der diagonalen Hand halten Sie das andere: Senken Sie Arm, Hand und Rumpf der Gegenhüfte entgegen, und richten Sie sich anschließend mit einer leichten Rumpfdrehung nach außen auf. **(Abb. 4)**
Wiederholen Sie das 10- bis 15mal auf einer Seite, ohne die Intensität zu verlieren.

Abbildung 5

Abbildung 6

■ Halten Sie das SB mit beiden Händen hinter dem Rücken hüfthoch. Mit Impuls strecken Sie Arme und Rücken, dabei ziehen und straffen Sie das Band. **(Abb. 5 und 6)**
Wiederholen Sie das Nachgeben und erneute Strecken 10- bis 15mal.

■ Legen Sie das SB auf den Boden, und stellen Sie auf jedes Ende einen Fuß: Greifen Sie mit beiden Händen die Bandmitte, ziehen Sie das Band bei langem Rücken und gebeugtem Armen zur Brust. Trainieren Sie mit hoher Wiederholungszahl.

Abbildung 7

Abbildung 8

■ Stand: Stemmen Sie beide Hände mit gestreckten Armen in Schulterhöhe gegen eine Wand. Das straffe Band ist von einer Hand über den Rücken zur anderen Hand geführt und wird an der Wand fixiert: Beugen Sie nun beide Ellenbogen, bis Sie mit der Nase fast die Wand berühren, und stemmen Sie sich sofort wieder gegen den Widerstand des Bandes weg. Die Körperhaltung mit geradem Rücken und angespanntem Band bleibt unverändert. **(Abb. 7 und 8)**

Abbildung 9

Abbildung 10

▪ Sie stehen mit einem Fuß auf dem Bandende, das andere halten Sie mit der diagonalen Hand. Senken Sie Arm und Rumpf dem Fuß entgegen, und richten Sie sich anschließend auf. Dabei zieht die Hand das Band zur Schulter, der Ellenbogen wird schulterhoch nach hinten gehalten, die Hand steht in Verlängerung des Unterarmes. **(Abb. 9)**

▪ Halten Sie das SB mit rechtwinklig gebeugten Armen über dem Kopf, ziehen Sie es am Hinterkopf vorbei in den Nacken, und kehren Sie in die Ausgangsstellung zurück.

▪ Führen Sie das Band über den Rücken unter der Achselhöhle hindurch, und halten Sie es in den gebeugten Armen: Schließen und öffnen Sie nun die Unterarme vor dem Gesicht im gleichen Rhythmus. **(Abb. 10 und 11)**

Abbildung 11

Abbildung 12

Abbildung 13

■ Gleiche Übung wie vorher mit folgendem Unterschied: Die gestreckten Arme werden bei der Hinbewegung ein- und bei der Rückbewegung ausgedreht: **(Abb. 12 und 13)**

Alle Übungen wiederholen Sie 10- bis 20mal.

Abbildung 14

Abbildung 15

Ausklang

Musik: ruhige, klassische Musik

- Im Stand atmen Sie ruhig ein und aus.

- Heben Sie bei der Einatmung die Arme seitwärts an, und lassen Sie sie bei der Ausatmung fallen.

- Begleiten Sie die Atemzüge mit ruhigem Schulterkreisen.

- Lassen Sie Kopf, Schultern und Rumpf abschnittweise fallen. **(Abb. 14 und 15)**

- Schwingen und pendeln Sie mit Rumpf und Armen.

- Beenden Sie diese Folge mit dem Stand auf den Ballen.

Aus der Haltungsschwäche in die Haltungsstärke

Aufwärmen

Musik: Rumba oder ähnliche lateinamerikanische Melodien

Ausgangsstellung: Sie stehen auf Ihren hüftbreit und parallel gestellten Füßen, die Belastung ist auf der Fußsohle gleichmäßig verteilt, die Knie sind leicht gebeugt.

- Sie schwingen mit parallelen Armen, immer geben die Knie leicht nach.

- Schwingen Sie die Arme nun in Pendelbewegungen: Ein Arm schwingt vor, gleichzeitig schwingt der andere zurück. Der Rumpf folgt mit kleinen Drehbewegungen.

- Gehen Sie zügig einen Schritt vorwärts, und schleudern Sie gleichzeitig beide Arme parallel nach oben. Anschließend gehen Sie rückwärts und lassen beide Arme nach unten fallen.

- Stützen Sie beide Hände auf die Oberschenkel nahe den gebeugten Knien. Bei gestreckten Armen runden Sie Ihren Rücken, anschließend strecken Sie ihn lang aus.
(Abb. 1 und 2)

Abbildung 1

Abbildung 2

Abbildung 3

Abbildung 4

Abbildung 5

Abbildung 6

■ Im geraden Stand wiederholen Sie die vorherige Rumpfbewegung.

■ Versuchen Sie nun, den Brustkorb nach rechts, dann nach links zu schieben, ohne die Hüfte mitzubewegen. **(Abb. 3 und 4)**

■ Schieben Sie die Hüfte nach rechts, dann nach links ohne Mitbewegung des Brustkorbes. **(Abb. 5 und 6)**

■ Verbinden Sie die letzten 3 Übungsvorschläge zu fließenden, pausenlosen „Schlangen"-Bewegungen, die Sie ganz geschmeidig und warm werden lassen.

Hauptteil

Musik: gemäßigter Beat

Verknoten Sie das SB zu einer Schlinge.

- Beugen Sie die Arme, und schlüpfen Sie mit den Unterarmen in die Schlinge hinein, die Handflächen stehen zueinander: Ziehen Sie gleichzeitig die Arme auseinander, und dehnen Sie das Band maximal.

- Drehen Sie die Hände so, daß die Handrücken zueinander gerichtet stehen, und dehnen Sie das SB so.

- Halten Sie die Schlinge rumpfbreit mit den Händen, eine Handfläche ist nach oben gedreht, die andere zeigt zum Boden. Gleichzeitig beugen Sie einen Arm, ziehen die Hand zur Schulter, strecken den Gegenarm und stemmen die Hand in das Band. **(Abb. 7 und 8)** Anschließend drehen Sie die Hände um und wiederholen die Übung gegenseitig.

- Mit beiden zueinander gedrehten Händen schlüpfen Sie in die Schlinge und halten sie mit gebeugten Armen über dem Kopf gespannt. Mit dem Druck der Handrücken spannen Sie das Band. **(Abb. 9)**
Bei dieser Übung ist die Kontrolle der Schultern und Schulterblätter wichtig: Sie dürfen nicht in Richtung Kopf gezogen werden.

Abbildung 7

Abbildung 8

Abbildung 9

Abbildung 11

Abbildung 10

▪ Halten Sie das SB in der Endposition der letzten Übung, und neigen Sie jetzt den Rumpf zuerst nach rechts, dann nach links. **(Abb. 10 und 11)**

Zwischen den einzelnen Übungen senken Sie die Arme ab und schütteln die Muskeln aus.

▪ Schlüpfen Sie nun in die Bandschlinge hinter Ihrem Rücken. Die Handflächen sind zueinander gerichtet; mit langen Armen dehnen Sie das Band.

Abbildung 12

Abbildung 13

■ Erweitern Sie die letzte Übung durch die Einbeziehung der Schultern: Beim Dehnen bewegen Sie die Hände so, daß die Daumen nach außen zeigen. **(Abb. 12)**

■ Grätschstand: Sie fassen von oben in die Schlinge vor Ihrem Rumpf und dehnen das Band zunächst in Hüfthöhe, dann senkrecht auf der einen Seite, senkrecht auf der anderen Seite, schließlich über dem Kopf.
(Abb. 13 und 14)
Wiederholen Sie diese Folge mehrmals, und wechseln Sie auch die Bewegungsrichtung.

Abbildung 14

AUSKLANG

Musik: gemäßigter Beat

Ausgangsstellung: Sitz

- Den Wechsel zwischen Spannung und Entspannung im „Kutschersitz" spüren. **(Abb. 15)**

Abbildung 15

Abbildung 16

Abbildung 17

■ Beschreiben Sie zuerst mit einem Arm, dann mit dem anderen Arm große Kreise, und beziehen Sie den Rumpf in die Bewegung mit ein.

■ Senken Sie den Rumpf auf die Beine ab, und richten Sie sich dann Wirbel für Wirbel wieder auf. **(Abb. 16 und 17)**
Wiederholen Sie die Übung auch nach der rechten und linken Seite.

■ Schrittstellung: Mit großen Arm- und Rumpfschwüngen schwingen Sie sich in den sicheren Stand.

Aufrichten und Strecken

Aufwärmen

Musik: flotter Beat oder Step-Dance-Musik

■ Ausgangsstellung: stabiler Stand. Achten Sie auf gleiche Fußbelastung und auf die Beinachse; Sie sind lang aufgerichtet. Heben Sie jetzt Zehen und Ballen vom Boden ab, bis der Fuß auf der Ferse steht. Anschließend lassen Sie sich wieder kurz auf die Zehen fallen, heben sie aber sofort wieder an. Wiederholen Sie die Übung, bis Sie ein Schweregefühl im Muskel auf der Vorderseite des Unterschenkels spüren.

■ Heben Sie nun ebenso intensiv die Ferse ab, und spüren Sie Ihre Wadenmuskulatur. Das Knie des übenden Beines ist leicht gebeugt. Der ganze Körper und die Arme schwingen in der Bewegung mit.

■ Ziehen Sie ohne Mitbewegung des Knies die Fußaußenkante hoch, und spüren Sie die Muskeln auf der Unterschenkel-Außenseite. **(Abb. 1)**

■ Ebenso mobilisieren Sie die Unterschenkel-Innenseite. Achten Sie darauf, daß das Knie nicht mitbewegt wird. **(Abb. 2)**

Abbildung 1

Abbildung 2

Abbildung 3

Üben Sie immer nur mit einem Bein, damit Sie sicher stehen, und wiederholen Sie jede Aufgabe 20- bis 30mal.

■ Grätschstand: Unter Beibehaltung der Beinachse verlagern Sie das Gewicht abwechselnd von einem Bein auf das andere.

■ Belasten Sie beide Beine gleichmäßig, und beugen und strecken Sie die Knie im für Sie größtmöglichen Bewegungsausmaß.

■ Spannen Sie bei jeder Kniestreckung die Gesäß- und Bauchmuskulatur intensiv an.

■ Neigen Sie schwungvoll den Rumpf zur Seite, und wechseln Sie über die Streckung zur Gegenseite. **(Abb. 3)**

■ Stand mit parallelen Beinen: Sie strecken die Arme nach oben, beugen anschließend Rumpf und Beine und rollen Wirbel für Wirbel wieder zurück in die Streckung.

Abbildung 4

Abbildung 5

HAUPTTEIL

Musik: Langsamer Walzer oder ruhiger 4/4-Takt

▪ Halten Sie das SB hüfthoch hinter dem Rücken mit beiden Händen gefaßt und gespannt. Beugen Sie im Schlußstand beide Knie, runden Sie den Rücken, und plazieren Sie das Band an Ihren Kniegelenken: Strecken Sie Rücken und Arme mit gleichzeitigem Zug des Bandes. Der Kopf steht in der Verlängerung der Wirbelsäule, die Beine bleiben in Beugestellung. **(Abb. 4)**

▪ Erweitern Sie die Übung, und setzen Sie zusätzlich in der Rückenstreckposition ein Bein lang zurück. **(Abb. 5)**

Abbildung 6

Abbildung 7

■ Legen Sie die lange Bandschlinge um die Ferse eines Beines, die Bandenden halten Sie in je einer Hand. Beugen Sie das Standbein, setzen Sie das „Band-Bein“ zurück, und spreizen Sie die gestreckten Arme seitwärts vom Rumpf ab. **(Abb. 6)**

Halten Sie diese Position 6- bis 10 Sekunden, und spannen Sie dabei die Bauchdecke an. Atmen Sie normal weiter.

■ Aus der Endposition der letzten Übung schwingen Sie das Bein nach der Seite außen hoch, beugen und strecken abwechselnd das Standbein und halten diese Position bei ruhiger Atmung. **(Abb. 7)**

Abbildung 8

▪ Sitz auf dem Stuhl: Beide Füße stehen auf der Bandmitte, die Enden werden in je einer Hand gehalten: Richten Sie den entspannten Rumpf auf, strecken und spreizen Sie die Arme ab. **(Abb. 8)**

▪ Strecken Sie zusammen mit dem Rumpf, wie in der Übung vorher, die Beine aus, und halten Sie diese Position 6- bis 10 Sekunden.

Abbildung 9

Abbildung 10

■ Wieder stehen beide Füße auf der Bandmitte. Lösen Sie die Körperspannung, indem Sie abschnittweise Rumpf – Arme – Beine aufrichten. **(Abb. 9, 10 und 11)**

■ Sie stehen mit nur einem Fuß im straff gehaltenen Band. Führen Sie dieses Bein vor und hoch, und stehen Sie sicher und fest; dazu ist viel Gleichgewichtsgefühl und deshalb Muskeleinsatz nötig.

Abbildung 11

Abbildung 12

Abbildung 13

■ Erweitern Sie die Übung, und führen Sie fließend das Bein von der Vorhochhalte in die Seithochhalte und halten dort.

(Abb. 12 und 13)

Bei dieser Übung dürfen Sie die Arme nicht beugen, der Körper bleibt aufgerichtet.

Ausklang

Musik: ruhige, meditative Musik

■ Stand: Ziehen Sie beide Schultern in Richtung Ihrer Ohren, und lassen Sie die Schultern wieder fallen.

■ Schütteln Sie einen Arm gut aus, und spüren Sie die Reaktion. Streichen Sie dann die Schulter und den Arm zu den Fingern hin aus. Atmen Sie ruhig dabei.

■ Verwöhnen Sie Ihren anderen Arm auf die gleiche Weise.

■ Lassen Sie beide Arme hängen, und schlenkern Sie diese mit Rumpfschwüngen und leichten Rumpfdrehungen.

■ Im stabilen Stand trommeln Sie mit den Fingern einer Hand auf das Brustbein. Lassen Sie sich durch das Trommeln zur Aufrichtung stimulieren, und nehmen Sie diese Erfahrung mit in den Alltag. **(Abb. 14)**

Abbildung 14

Von jedem etwas

Aufwärmen

Musik: motivierender Beat

■ Im Stand oder Sitz auf dem Stuhl „wandern" Sie mit intensivem Arm- und Beineinsatz. Wechseln Sie zwischen gestreckten und gebeugten Armen. **(Abb. 1)**

■ Gehen Sie mit gestreckten Armen und Schulterbewegungen vorwärts und rückwärts.

■ Gehen Sie weiter, und kreuzen Sie dabei schwungvoll die Arme vor und hinter dem Rumpf.

■ Nehmen Sie nun das SB horizontal in beide Hände, und schwingen Sie es ohne Dehnspannung in den Nacken und zurück. **(Abb. 2)**

■ Hüfthoch vor dem Körper gehalten, spannen Sie leicht das Band und dehnen es in kurzen, rhythmischen Zügen; dabei gehen Sie am Platz.

Abbildung 1

Abbildung 2

Abbildung 3

■ Leichter Grätschstand: Tippen Sie bei gespanntem Band mit der rechten Hand an die linke Hüfte und mit der linken Hand an die rechte Hüfte – das fördert die Rumpfbeweglichkeit.

■ Aus der Gehbewegung heraus tippen Sie mit der rechten Hand an das angehobene linke Knie und umgekehrt.

■ Rollen Sie sich ein, anschließend strecken Sie die „Band-Arme" nach schräg oben und das diagonale Bein in die Gegenrichtung. **(Abb. 3)**
Fließende Übergänge bewirken Wärme!

Hauptteil

Musik: gemäßigter 3/4-Takt

■ Sitz: Das SB brusthoch anheben und zum Körper ziehen, zuerst mit schulterhoch gehaltenen gebeugten Armen, dann mit gestreckten Armen. **(Abb. 4)**

■ Wiederholen Sie die Übung jetzt mit über dem Kopf gehaltenen Band und gut aufgerichtetem Rücken.

■ Wiederholen Sie die Übung jetzt mit im Nacken gehaltenem Band und gestrecktem Rücken und gespannter Bauchdecke.

■ Sie sitzen mit einer Gesäßseite auf einem Bandende, die Füße stehen parallel auf dem Boden. Führen Sie den diagonalen Arm gegen den Widerstand des Bandes nach oben und hinten in die Streckung. Mit kleiner Rumpfdrehung richtet sich die Daumenseite nach hinten. **(Abb. 5)**

■ Stehen Sie mit einem Fuß in der Bandschlinge, strecken und spreizen Sie die „Band-Arme" seitwärts und nach hinten vom Rumpf weg, und schwingen Sie sich in 2-3 Wiederholungen vom Sitz in den Stand.
(Abb. 6 und 7)

Abbildung 4

Abbildung 5

Abbildung 6

Abbildung 7

Abbildung 8

Abbildung 9

■ Bleiben Sie in dieser Schrittstellung mit langem Rücken, und beugen und strecken Sie zügig beide Arme. Vorsicht: die Arme nicht überstrecken!

■ Mit beiden Füßen stehen Sie jetzt hüftbreit in der Bandschlinge, die Beine sind gebeugt, die Arme lang: Strecken Sie nun die Beine, spreizen Sie die Arme weg, richten Sie sich ganz lang auf. **(Abb. 8)**

■ Schrittstellung: Mit der Belastung auf dem vorderen Bein halten Sie das doppelt gelegte SB in den Händen: Mit der Gewichtsverlagerung auf das hintere Bein in den Einbeinstand ziehen Sie das Band unter Bauchmuskelanspannung zur Taille und bilden 6- bis10 Sekunden in dieser Position.
Wechseln Sie nach 10 Wiederholungen zum anderen Bein.

■ Grätschstand: Sie stehen mit einem Fuß auf dem Bandende, mit der diagonalen Hand halten Sie das andere Ende gefaßt: Ziehen Sie das Band zur Schulter und neigen anschließend Kopf und Rumpf dem Fuß entgegen. Hin- und Rückweg brauchen die gleiche Zeit; führen Sie die Übung zügig aus.

■ Lassen Sie den Fuß auf dem Band stehen, und verändern Sie die Position durch 1/4-Drehung vom Band weg: Fassen Sie das Band im Nacken mit beiden Händen, und verlagern Sie den Schwerpunkt auf den vorderen Fuß. Je größer der Fußabstand, desto stärker wird der Dehnungswiderstand. **(Abb. 9)**
Alle Übungen wiederholen Sie 10- bis 15mal, begleitet von ruhigen Atemzügen. Sobald Sie ein Luftanhalten oder Pressen bemerken, beenden Sie die Übung, entspannen und beginnen nach einer erholsamen Pause von vorn.

Ausklang

Musik: Dixieland o. ä.

▪ Lockern und schütteln Sie Arme, Schultern und Rumpf aus.

▪ Sie halten das Band gekreuzt, und stellen einen Fuß auf die Ferse, der Vorderfuß ist in der Schlinge: Heben und senken Sie nun im rhythmischen Wechsel den Fuß. **(Abb. 10)**

▪ Beugen Sie das Knie an, und stellen Sie das Bein danach wieder auf die Ferse. Halten Sie dabei die Arme gestreckt. Wiederholen Sie die Übung mit dem anderen Bein, und spüren Sie, was Sie an Körperbeherrschung gewonnen haben.

Mit ruhigen Atemzügen im Stand beenden Sie dieses Trainingsprogramm mit dem SB und fühlen, wie Sie von „Kraftwellen“ durchflutet werden!
Eine anschließende leichte Massage wird Ihr Wohlbefinden weiter steigern.

Abbildung 10

Von derselben Autorin ist im FALKEN Verlag bereits erschienen:
Rückenschule mit dem großen Ball (Nr. 1620); Video (Nr. 6195, Spieldauer ca. 60 Minuten, in Farbe)
Beachten Sie bitte außerdem das ebenfalls über den Buchhandel erhältliche Video „Gymnastik mit dem Stretch-Band“ (Nr. 6227, Spieldauer ca. 60 Minuten, in Farbe)

Alle Übungen im Buch wurden mit dem Thera-Band durchgeführt, das freundlicherweise von der Ludwig Artzt GmbH, 60320 Frankfurt am Main, zur Verfügung gestellt wurde.

ISBN 3 8068 1634 4

Umschlaggestaltung: Bayerl & Ost GmbH, Frankfurt/M.
Layout: Bayerl & Ost GmbH, Frankfurt/M.
Redaktion: Herbert Habicht
Herstellung: Petra Leupacher
Titelbild und Umschlagrückseite: FOTO DESIGN Lothar Reichel, München
Fotos: FOTO DESIGN Lothar Reichel, München
Zeichnungen: Gilsela Häring, Frankfurt/M.

Satz: FALKEN Verlag, Niedernhausen/Ts.
Druck: Druckhaus Cramer, Greven

817 2635 4453